LETTRE

à M. A. Gozzoli, Avocat,

PAR

M. MORIN-DE-GUÉRIVIÈRE Père.

PARIS. — 1841.

Paris, le 4 Juillet 1841.

Monsieur,

Dans les deux publications qui ont été faites, l'une à Londres, en février 1841, et l'autre à Boulogne-sur-Mer, quelques mois après, vous paraissez vouloir persister dans la conviction que votre Charles-Guillaume Naündorff est le fils de Louis XVI, et vous laissez supposer que vous ne vous êtes éloigné de cet aventurier qu'à cause de son improbité, de ses impostures et de la dissolution de ses mœurs.

Il faut convenir que vous avez mis bien du temps à vous apercevoir de ce que tout le monde voyait, et à écouter enfin les avertissemens qui vous ont été donnés à tant de reprises différentes; je pourrais à bon droit vous en témoigner tout mon étonnement, mais je me contenterai de vous soumettre quelques observations qui serviront à vous prouver que vous vous trompez encore sur le compte de votre ancienne idole, et qu'il est impossible que vous ayez examiné avec la moindre attention, non seulement ce qu'il lui a plu de vous débiter, mais encore ce que vous avez dû apprendre vous-même, pour peu que vous vous soyez donné la peine de prendre quelques renseignemens, soit en Prusse, soit ailleurs. Examinons donc ensemble et sans passion tout ce qui s'est passé depuis que

cet homme a paru, et commençons par ce qu'il a fait et dit dans le royaume de Prusse, sa patrie,

1° Les registres de l'état civil de Weimar (Prusse) constatent que *Charles-Guillaume Naündorff, horloger-mécanicien, fils unique et légitime de Godefroy Naündorff, fabricant et propriétaire foncier audit lieu de Weimar, luthérien de religion, etc., etc., est né dans cette ville.*

2° Arrivé à Berlin en 1810, en société de Christine Haser ou Hasfert, qu'il dit être sa femme, et avec laquelle il vivait maritalement, Naündorff déclare à l'autorité, devant laquelle il se présente volontairement, *qu'il se nomme Charles-Guillaume Naündorff, qu'il est horloger-mécanicien*, et qu'il désire se fixer dans la capitale de la Prusse pour y exercer sa profession.

3° En 1812, il se rend à Spandau et s'y établit; il sollicite et obtient le droit de bourgeoisie; enfin il prête, le 10 décembre, *comme sujet prussien*, serment de fidélité au roi, *son souverain et maître.*

4° En 1818, il se marie avec la fille *d'un fabricant de pipes de Havelberg*, du nom d'Einers, et, suivant les registres de l'état civil, *il déclare se nommer Charles-Guillaume Naündorff, être protestant de la confession d'Augsbourg, et âgé de 43 ans.*

5° En 1822, il se rend à Brandebourg avec sa famille; il se présente à l'autorité, et sollicite encore, *sous son nom de Charles-Guillaume Naündorff*, le droit de bourgeoisie qui lui est refusé.

6° En 1824, il est accusé d'incendie, arrêté, puis relâché *faute de preuves suffisantes.*

7° En la même année 1824, il est arrêté une seconde fois pour fabrication et émission de fausse monnaie, et condamné, pour complicité, à *trois ans de fers*, sur le vu des pièces de conviction déposées par les habitans du lieu, à qui il les avait données en paiement. Dans chacun des interrogatoires qu'il a subis, *il a déclaré se nommer Charles-Guillaume Naündorff, être né à Weimar (Prusse), être fils de Godefroy*, etc., etc., et ce n'est que lors de sa dernière comparution devant le magistrat instructeur, qu'il dit être *prince natif*, ce qui fit croire qu'il avait perdu la raison.

8° En 1828, il est grâcié et chassé de Brandebourg; arrivé à Krossen, il publie *qu'il est prince français et fils de Louis XVI.*

9° En 1833, il quitte la Prusse, sa patrie, qu'il avait constamment habitée jusqu'à cette époque, et il arrive à Paris dans le mois de mai, *toujours sous son nom de Charles-Guillaume Naündorff.*

(Lettres ministérielles et autres de Berlin, Spandau, Brandebourg, Paris, etc., etc.)

Observations.

1° Au sortir de Weimar, *où est né Charles-Guillaume Naündorff, où se trouve toute sa famille, où il a passé son enfance et sa jeunesse, où il a appris l'horlogerie*, il se rend dans la capitale de la Prusse, accompagné de Christine Haser ou Hasfert, qu'il faisait passer pour sa femme. Quand et où a-t-il rencontré cette femme? C'est ce qu'il s'est bien gardé de dire, *et pour cause.*

2° Arrivé à Berlin en 1810, il se met à vendre des horloges en bois, et se fait connaître dans toute la ville *sous son nom de Naündorff;* son langage est celui du pays, et nul, *pas même lui*, ne songe qu'il puisse être autre chose qu'un Prussien.

3° Il s'est marié deux fois *avec des femmes du peuple*, et il déclare, lors de son second mariage, qu'il est protestant de la confession d'Augsbourg, et âgé de 43 ans, etc., etc.

4° A la naissance de chacun de ses enfans, il les a présentés et fait enregistrer *sous son nom de Charles-Guillaume Naündorff*, et ils ont tous été élevés dans la religion luthérienne, qu'il pratiquait *volontairement, publiquement et librement*, et qui était évidemment la sienne. Quelles raisons a-t-il alléguées pour appeler votre indulgence sur de telles monstruosités, s'il était ce qu'il disait être?

Il est historique et notoire que le fils de Louis XVI était né catholique, apostolique et romain; aucune preuve d'abjuration n'est produite; ce prince ne pouvait, sous aucun prétexte, changer de religion, et c'est se rendre coupable d'une odieuse calomnie que d'oser supposer le contraire. Puis donc que Naündorff se dit le fils de Louis XVI, il devait faire connaître quand, où, comment et pourquoi il avait abjuré le catholicisme romain et embrassé le luthéranisme. Le lui avez-vous demandé? vous a-t-il fourni la moindre indication à cet égard? n'était-ce pas là ce qui devait vous occuper d'abord?

5° Tous les actes qu'il a signés, soit à Berlin, soit à Spandau, soit à Brandebourg ou ailleurs, l'ont été *sous son nom de Charles-Guillaume Naündorff*.

6° Par ses mensonges et ses déréglemens, il se rend tellement suspect dans la ville qu'il habite, qu'il est arrêté deux fois; accusé d'abord d'incendie, il est relâché *faute de preuves*, ce qui est loin de démontrer qu'il fût innocent.

7° Arrêté de nouveau et accusé de fabrication et d'émission de fausse monnaie, il est condamné à *trois années de fers*, qu'il a subies à Brandebourg, *toujours sous son nom de Naündorff*.

8° Au sortir des prisons de Brandebourrg, il se rend à Krossen, où il prend le titre de *prince français*.

9° Il quitte, pour la première fois, la Prusse, sa patrie, en 1833, et il arrive à Paris.

Tous ces faits sont notoires, prouvés et consignés dans les archives de Weimar, Berlin, Spandau, Brandebourg, Krossen et Paris.... Naündorff n'en a nié aucun; seulement il prétend que, malgré toutes ses infamies, il est réellement le fils de Louis XVI; et il s'est rencontré des Français assez stupides ou assez dépravés pour croire à une telle dégradation du fils de ce roi qui fut le plus honnête homme et le prince le plus vertueux de la terre!!

Quelles preuves votre Naündorff a-t-il produites pour appuyer ces incroyables turpitudes? aucune, car vous les auriez publiées et distribuées partout avec la même profusion qui a été mise à distribuer des mensonges. Et vous avez cru, *sur parole*, un homme qui se présentait à vous couvert de tant de boue! Vous l'avez prôné, poussé, enrichi, et il n'est jamais venu à votre pensée que vous pouviez être dupes d'une odieuse machination! Vous n'avez pris aucun renseignement relativement à tout ce qu'il vous débitait, malgré l'invraisemblance et l'impossibilité matérielle de chacun des faits cités par lui! Le cas était cependant assez grave pour que vous ne dussiez pas vous abandonner si facilement et surtout si légèrement à l'impulsion de votre cœur; ne fallait-il pas prendre toutes vos précautions et vous assurer de la vérité de ce qui devait naturellement vous paraître extraordinaire, sinon fabuleux, avant de vous exposer à tromper et à faire dépouiller quelques-uns de vos concitoyens dont la bonne foi n'était pas douteuse? L'avez-vous fait?

Suivons maintenant votre Naündorff depuis sa sortie de Prusse,

1° Il arrive en France en 1833, ne sachant pas un mot de français, circonstance qui devait tous vous surprendre, et le démasquer dès l'abord. On l'interroge à ce sujet, et il répond, sans s'émouvoir le moins du monde, qu'il a été remis, au sortir du Temple, entre les mains d'une dame allemande, veuve d'un Suisse de la garde, mort le 10 août 1792, et que cette dame, boulangère dans la rue de Seine, ne lui a parlé qu'allemand. Du reste, il se garde bien de citer le nom de cette femme, et on en devine aisément le motif.

Il n'y a qu'un mot à dire pour prendre l'horloger prussien en flagrant délit de mensonge sur ce premier point.

Cette prétendue dame allemande était établie depuis longtemps dans la rue de Seine; elle y vendait journellement son pain aux habitans du quartier qui ne pouvaient lui parler que français, et à qui elle devait nécessairement répondre *dans cette langue;* comment, dans ce cas, pouvait-elle ne parler qu'allemand à un enfant *qui n'en comprenait pas un mot, et qui ne connaissait que le français?*

Avez-vous fait attention à cette singularité? est-ce qu'elle ne vous a pas semblé des plus extraordinaires? Et vous n'avez pas poussé plus loin vos investigations, ne fût-ce que pour savoir s'il avait au moins existé dans la rue de Seine une boulangère, veuve d'un Suisse d'un canton allemand, et allemande elle-même, et s'il était vrai que, dans ses rapports journaliers avec les Parisiens, *elle ne parlât pas français et n'en comprît pas un mot!!* Pensez-vous qu'on puisse croire à une telle indifférence de votre part dans une affaire de cette importance? Si, au contraire, vous avez pris des renseignemens, pourquoi ne les avez-vous pas publiés?

2° Lorsque votre Naündorff vous a été présenté, il vous a dit qu'il se nommait *Charles-Louis!* et cela ne vous a pas tous frappés! Pouviez-vous ignorer que le fils de Louis XVI porte le nom de *Louis-Charles*, puisqu'il figure au nombre des rois de France sous celui de *Louis XVII?* Cette ignorance pouvait-elle vous servir d'excuse? ne vous avait-on pas, en pleine au-

dience, prouvé et démontré jusqu'à la dernière évidence que votre Prussien était un intrus et un imposteur? et que vous étiez tous dupes des manœuvres astucieuses de cet étranger, qui ne connaissait pas même le nom du fils de Louis XVI, et cela par une bonne raison, c'est qu'il ne l'avait jamais entendu prononcer dans son enfance, et qu'il l'avait encore moins porté dans sa jeunesse.

3º Que dire encore de la lettre publiée le lendemain de cette audience, et dans laquelle il traite cavalièrement d'imposteur un accusé, parce que celui-ci venait de lui donner une leçon un peu brutale, il est vrai, mais dont il aurait dû profiter; leçon qui lui prouvait qu'il était dévoilé? Un fils de Louis XVI aurait-il ainsi attaqué un homme sans défense, aux prises avec le pouvoir et tout son cortège obligé? N'eût-il pas au moins respecté la position d'un accusé politique se débattant contre la nation officielle, au lieu de lui donner lâchement le coup de pied de l'âne?

4º Il a signé, dès son début, *Charles-Louis*, en y accolant toujours: *duc de Normandie!* chose tellement insolite qu'elle suffisait seule pour prouver qu'il n'était pas né prince, puisqu'il ignorait et ignore encore comment signent les princes royaux, quelle que soit la position dans laquelle ils puissent se trouver!

5º Naündorff est marqué de la petite vérole, et lorsque vous lui avez naturellement demandé d'où lui provenait cette infirmité, puisqu'il est notoire que le fils de Louis XVI ne l'avait pas, il vous a répondu avec son aplomb ordinaire, qu'une opération faite avec des pointes d'épingles ou d'aiguilles par des inconnus, et on ne sait où, l'a mis dans cet état!! Et vous vous êtes contenté de cette explication. Avez-vous cherché à vérifier le fait? avez-vous consulté des hommes de l'art? Si vous l'avez fait, vous avez dû vous convaincre que Naündorff s'était moqué de vous avec une rare impudence, et vos soupçons devaient au moins naître dès cet instant.

6º Naündorff, interpellé sans doute sur les circonstances de son évasion prétendue de la tour du Temple, vous a dit qu'il avait été enlevé de trois manières différentes, tantôt dans une malle, tantôt dans une manne d'osier à double fond, tantôt dans la bière de l'enfant mort, *et ce après avoir été caché pendant plus de dix mois dans un réduit obscur, au-dessous de la coupole de la tour!* Et ce récit fabuleux n'a pas excité vos défiances! et il s'agissait de l'événement le plus extraordinaire des temps modernes! Si vous vous étiez donné la peine de réfléchir un seul instant à l'invraisemblance de cette fable, vous vous seriez immédiatement aperçu que l'horloger prussien vous prenait tous pour des imbéciles, tranchons le mot, puisqu'il pouvait vous débiter impunément de telles sornettes.

D'ailleurs, par qui a-t-il été nourri pendant les dix mois qu'il dit avoir passés sous la coupole de la tour? qui l'a descendu et emporté dans la malle? qui l'a introduit dans la chambre du mort? qui lui en a ouvert les portes? qui l'a enlevé dans la manne d'osier à double fond? qui a reporté sous la coupole de la tour le cadavre de l'enfant mort le 8 juin 1795 (20 prairial an 3), et soi-disant retiré de la bière? comment toutes ces difficultés se sont-elles aplanies? comment des choses aussi impossibles ont-elles pu s'exécuter? qui l'a habillé en fille et conduit chez la boulangère de la rue de Seine? Il y a loin de là à la rue du Temple, et un enfant malade et dans un si mauvais état n'eût jamais pu faire seul un tel trajet. Et vous ne vous êtes pas aperçu de l'absurdité de ces fables!

7° Naündorff cite trois lettres de Laurent, avant-dernier gardien de l'enfant mort au Temple; ces lettres, adressées à un général qu'il ne nomme pas, portent la date des 7 novembre 1794, 5 février et 3 mars 1795. Ces pièces, évidemment apocryphes, auraient dû vous ouvrir les yeux sur la fausseté matérielle de leur existence, fausseté que vous auriez reconnue en ouvrant le *Moniteur* de ces temps calamiteux; vous y auriez vu que Laurent sortit du Temple, *pour n'y plus rentrer*, le 31 août 1794; que Lasne, dernier gardien de l'enfant mort, y est entré le premier septembre suivant; vous en auriez naturellement conclu que Laurent n'étant plus au Temple, ne pouvait avoir écrit les lettres qu'on lui prêtait; qu'il pouvait encore moins se trouver dans la tour en novembre 1794, février et mars 1795, et porter des vivres à l'enfant dans le réduit obscur, d'où il ne serait sorti, toujours d'après Naündorff, que le 12 juin 1795!! Et en supposant, contre toute possibilité, que vous eussiez ignoré tous ces faits, les publications dont vous avez fait usage, et les débats de *certain procès*, ne vous auraient-ils pas dévoilé l'imposture si vous aviez voulu être éclairé?

Enfin, puisque Naündorff prétend avoir été placé par le gardien Laurent sous la coupole de la tour avant l'entrée de Lasne au Temple, pourquoi s'est-il transporté chez ce dernier gardien, en compagnie d'Albouix? pourquoi lui disait-il *qu'il devait le reconnaître, qu'il était trompé, et que dans trois jours il lui montrerait le Dauphin?* qu'allait-il faire chez Lasne?

8° Naündorff vous a parlé de prétendues lettres du roi, de la reine, du duc de Berry, etc., vous les a-t-il produites? il dit avoir écrit à tous les souverains de l'Europe et à la noble fille de Louis XVI, quelles preuves en a-t-il fournies? où en sont seulement les vestiges? et ces lettres du roi et de la reine, qu'il dit avoir remises à Lecoq et à d'autres, comment se fait-il qu'il les ait encore en son pouvoir? comment a-t-il justifié qu'elles fussent en sa possession lors de son arrivée à Berlin en 1810, et qu'a-t-il répondu quand vous avez dû lui faire observer que la famille royale n'ayant à sa disposition ni plumes, ni papier, ni encre, ni crayons, n'a pu écrire ces lettres ni d'autres? et en supposant même que le roi et la reine eussent écrit et remis ces lettres à leur fils, comment n'en auraient-ils pas remis à leur fille? comment, en outre, l'enfant royal aurait-il pu conserver les siennes, malgré le changement historique de vêtemens et les différentes arrestations que Naündorff prétend avoir subis? Ces circonstances, jointes à la remise des mêmes lettres qu'il prétend aussi avoir faite à diverses personnes, devaient nécessairement l'en avoir privé? quelle réponse a-t-il faite à ces justes et concluantes observations?

9° Dans le récit qu'il fait de ce qui s'est passé au Temple, Naündorff cite quelques faits évidemment faux. C'est ainsi qu'il se fait trouver en présence de madame Elisabeth en 1794, tandis qu'il est prouvé que le Dauphin n'a pu revoir cette princesse *depuis octobre* 1793!

10° Dans un autre passage, il prétend qu'en 1794 la reine aurait remis, à Toulan, divers objets destinés à être envoyés au fils de Louis XVI; malheureusement, pour démentir la véracité de l'historien prussien, cette princesse infortunée et Toulan *avaient péri en* 1793!

11° Vous parlerai-je de ces pompeuses déclarations, dont l'absurdité est tellement flagrante qu'elles ne sauraient résister au moindre examen? Citons, par exemple, celle d'une dame G.. D.., qui prétend s'être introduite au Temple en habit de sergent de la garde nationale, et avoir assisté à une prétendue opération pour effacer un prétendu Saint-Esprit (dont on défie Naündorff de montrer les traces), opération qui, soi-disant, n'aurait pu se faire à cause de la résistance de l'enfant, comme si tout cela était possible? Que penser de celle de madame de Rambaud, qui déclare que le Dauphin avait un Saint-Esprit à la jambe, tandis qu'il est prouvé que ni l'un ni l'autre des enfans de France n'avait de signes avant le 10 août 1792, époque où elle les a quittés? Que direz-vous de celle de cet homme qui dit avoir reconnu en Naündorff le même personnage qu'il vit en 1816, et *qui lui parla français,* quand Naündorff déclare lui-même qu'il était à Spandau dans ce moment, et remarquez bien *qu'il ne connaissait pas un mot de français en* 1833, époque à laquelle il est venu en France pour la première fois? Quel cas ferez-vous de celles de MM. de Joly, de Brémont (1) et de tant d'autres non moins absurdes! cela devait-il, pouvait-il vous suffire?

12° Dans la relation que votre Naündorff a faite de ces prétendus voyages, il ne cite ni noms, ni lieux, ni dates; tout est mystérieux, fabuleux, invraisemblable et même tout-à-fait impossible; et vous avez trouvé tout cela parfaitement naturel, quoique l'horloger fût en contradiction perpétuelle avec les faits et avec lui-même!!

13° Il affirme avoir été arrêté et incarcéré en France à plusieurs reprises, sans dire ni où, ni quand, et il ajoute, avec son sang-froid germanique, que, dans toutes les prisons où il a été déposé, on l'a forcé à ne parler qu'allemand! or, il est constant que les habitans des lieux où Naündorff prétend avoir été conduit ne savaient pas un mot d'allemand! Que prétendait-il donc en faisant de tels contes? prouver qu'il ne pouvait savoir à 48 ans un seul mot d'une langue qu'il a dû parler jusqu'à l'âge de 24 ans, en supposant que tout ce qu'il a dit fût vrai! et vous l'avez cru! comme s'il était possible

(1) M. de Brémont, dont on a exploité l'âge et la manie d'avoir participé à l'enlèvement du Dauphin, aurait certainement indiqué la manière dont se fit l'enlèvement, si réellement il avait été l'un des acteurs ou des auteurs de ce fait surprenant. L'horloger prussien, guidé par Strohmeyer et autres, a trompé ce bon vieillard, qu'il parvint à éloigner de sa famille, et qui fut circonvenu de toutes les manières, sans pouvoir se douter qu'il était victime de la plus insigne fourberie et du plus coupable guet-apens, dont le but était d'abord d'avoir une attestation sur laquelle on pût bâtir, et ensuite de lui extorquer de l'argent.

qu'un homme oubliât jamais sa langue maternelle, et surtout les prières qui sont enseignées aux enfans, prières que le Dauphin récitait avec tant de grâces en présence de ses augustes parens, et qu'il a dû répéter tant de fois au milieu des vicissitudes et des tribulations qui ont flétri sa triste existence!

14° Tous les contes débités par Naündorff, sur ses prétendus voyages sur mer et ailleurs, ont été tirés, en majeure partie, des récits d'Hervagault et de Bruneau, ainsi que d'autres écrits publiés avant et depuis 1830, et qu'il a platement copiés parce qu'il n'avait rien de mieux à dire. Si vous avez été trompé, c'est que vous l'avez bien voulu, et que plusieurs d'entre vous ont aidé à se faire tromper en racontant à l'intrus une foule de particularités dont vous le croyiez parfaitement instruit, et qu'il s'est appropriées sans que vous y prissiez garde. En vérité, c'était un bonheur pour lui que d'avoir affaire à des partisans aussi *aveuglément* dévoués!

15° Comment concilier le manque de mémoire de Naündorff, qui oublie soi-disant sa langue native, les prières de l'enfance et jusqu'au souvenir de l'intérieur de nos églises, toutes choses qui ne sauraient s'oublier; comment, dis-je, concilier tout cela avec la prolixité qu'il met dans le récit d'autres circonstances d'une nature plus fugitive? N'est-il pas de la dernière évidence qu'il a toujours ignoré ce qu'on ne pouvait lui apprendre en quelques jours, et que, quant au surplus, ce n'était que tout récemment qu'il l'avait entendu raconter? Il ne fallait certes pas beaucoup de sagacité pour découvrir cela, et cependant, vous n'y avez pas même songé!

16° Votre Naündorff est horloger; tout le monde sait que cette profession exige un apprentissage long et spécial; qu'elle s'enseigne aux enfans dès l'âge de 10 à 15 ans, et qu'il faut plusieurs années de résidence et de tranquillité pour y réussir. Or, Naündorff ne dit ni quand, ni où, ni sous quel maître il a appris cet art. Il paraît qu'il a eu le privilége de naître horloger, de la même manière qu'il s'est trouvé tout à coup *prince natif*, au moment où il s'en doutait le moins! Il a pensé, lui pour qui l'oisiveté est le suprême bonheur, que le métier de prince, à part quelques petits désagrémens, était moins fatigant que celui d'horloger; voilà pourquoi il a quitté l'un pour prendre l'autre, sauf à revenir au premier si le second ne lui réussit pas.

17° Naündorff, après avoir débité les plus dégoûtantes calomnies contre les Bourbons, s'avise de publier que l'auguste fille du Roi-Martyr refuse de le recevoir et de l'entendre, etc., etc. : cela seul suffirait pour prouver qu'il ne fit jamais partie de cette illustre famille. La vertueuse fille du plus infortuné des rois refuse de le recevoir! mais il vous trompe encore. Puisqu'il tenait tant à voir S. A. R., que ne fit-il le voyage de Prague avant de sortir de Prusse? Il était tout voisin de cette capitale de la Bohême, et il avait bien moins d'obstacles à surmonter.... Craignait-il de n'être pas admis en sa présence? mais en s'annonçant comme un serviteur dévoué et compatissant, il était certain d'arriver jusqu'à la fille de Louis XVI, à laquelle il n'avait que *trois mots* à dire pour être sur-le-champ reconnu et accueilli par elle, en supposant qu'il fût son frère; il était impossible qu'il ne réussît pas, car la princesse, qui ne l'avait jamais vu, n'aurait pu le repousser avant qu'il se fût expliqué.... Mais qui vous a dit que la royale exilée repoussait son frère? Elle refuse de voir Naündorff, parce qu'elle sait que cet étranger n'est qu'un imposteur, et voilà tout... D'ailleurs, les vices notoires de Naündorff, la dissolution de ses mœurs, et les crimes dont il s'était rendu coupable en Prusse, toutes choses dont la princesse avait été informée par le roi de Prusse lui-même, à qui elle s'était adressée immédiatement après le voyage de Morel-de-Saint-Didier, n'étaient-elles pas plus que suffisantes pour l'engager à repousser un intrus, un malfaiteur, couvert d'opprobre, d'ignominie et de boue, et qu'on osait lui présenter comme étant son frère?

Mais supposons, pour un instant, que votre Naündorff fût tout autre que l'homme lâche et immoral dont parle S. M. prussienne, et qu'il ne soit pas né son sujet, pourquoi ne s'est-il pas présenté à la fille de Louis XVI avant de venir en France? C'est parce que Naündorff ne fait rien comme les autres; cette marche était trop simple, trop régulière, trop naturelle, trop ordinaire; elle sentait la roture et la bonhomie!! Il quitte son pays de Prusse, il traverse l'Allemagne, passe tout auprès de la princesse, *et s'en éloigne de suite de plus de trois cents lieues, toujours avec le désir de s'en rapprocher le plus possible!* voilà ce qui s'appelle agir en vrai gentilhomme, en grand seigneur!!

Voulez-vous savoir pourquoi votre Naündorff s'est conduit

ainsi? c'est parce que ne sachant rien au monde, et n'ayant que les notions vagues qui lui avaient été données par Strohmeyer et ses autres acolytes de Prusse, il se voyait dans le cas d'être dévoilé aussitôt qu'il se serait trouvé face à face avec Marie-Thérèse ; il redoutait les suites de son imposture et la juste punition qu'elle entraînait après elle ; en Autriche, on ne joue pas impunément au prince! Son supplice eût commencé au moment où la fille de Louis XVI, lui adressant quelques questions en français, aurait manifesté tout son étonnement de ce qu'il n'en savait pas le premier mot, et de ce qu'il aurait oublié les premières impressions de l'enfance. Cette circonstance seule aurait suffi pour dévoiler l'intrus, le couvrir de honte et le forcer à avouer l'imposture méditée et calculée. Voilà pourquoi il a préféré tourner le dos à cette princesse, et venir en France se faire instruire et s'inspirer des souvenirs intéressés de madame de Rambaud, et bien plus encore de ceux de madame de Générès, sa nièce, souvenirs qui lui ont si merveilleusement servi pour faire des dupes. Mais aujourd'hui encore, pourquoi ne se transporte-t-il pas auprès de Marie-Thérèse? qui l'en empêche? qui s'y oppose? Il n'a rien à craindre de la part de l'Autriche, et il arriverait infailliblement jusqu'à la duchesse. Pourquoi n'en fait-il pas l'essai?

Qu'on le sache bien, Scapin-Naündorff n'est tranquille que lorsqu'il se sent loin, très loin de la famille proscrite, et il évitera toujours avec le plus grand soin toutes les occasions qui pourraient le rapprocher de la royale exilée! Le vicomte Sosthènes de la Rochefoucault, en lui proposant de le conduire à Goritz et de le présenter à cette princesse, avait, sans s'en douter, causé à l'intrus un terrible cauchemar!!

18° En janvier 1834, Naündorff se fait assassiner, à huit heures du soir, sur la place du Carrousel; pourquoi cette nouvelle et stupide fourberie? était-ce pour se rendre intéressant? était-ce pour augmenter le nombre de ses adhérens? Il a fait cela parce que, sachant que tout ce qu'il avait débité sur son origine et sur les faits subséquens, était tout-à-fait hors de vraisemblance, il voulait frapper un grand coup, éviter toute question embarrassante et clore la bouche à ses détracteurs; il se flattait qu'une tentative de cette nature établirait à elle seule, mieux que tout ce qu'il avait pu dire et faire, qu'il était réellement le fils de Louis XVI... Le temps a prouvé que cette comédie n'avait pas d'autre but.

19° En novembre 1838, il se fait de nouveau assassiner à Londres. Ses raisons et son but étaient absolument les mêmes. Ces deux actes reconnus pour être l'ouvrage de la plus insigne fourberie, retombent maintenant sur la tête de leur auteur et l'écrasent de tout leur poids.

Mais il y a une réflexion à faire et un enseignement à tirer de ces deux faits, qui ont bien plus de portée que vous ne paraissez le croire.

Dans tout ce qu'il a raconté, Naündorff s'est posé comme un être merveilleux, et nul n'a songé à lui demander des preuves malgré l'impossibilité matérielle de tous les faits cités par lui. Or, dès l'instant que vous reconnaissez qu'il vous a trompé sur un ou plusieurs points, c'est au moins une présomption qu'il l'a fait sur tous les autres, et dans ce cas mérite-t-il la moindre confiance? C'est en vain que vous opposeriez les déclarations de madame de Rambaud, de MM. de Brémont, de Joly et d'autres; elles ne peuvent prouver qu'une chose : c'est que cette dame et ces messieurs ayant dit à qui a voulu l'entendre tout ce qu'ils savaient, *et même ce qu'ils ne savaient pas*, au sujet du fils de Louis XVI, ils ne pouvaient plus rien apprendre à personne, et que Naündorff a facilement pu être mis au courant de toutes ces particularités qui n'étaient plus un secret. En partant de là, il est évident que les déclarans auraient reconnu, comme fils de Louis XVI, *Cartouche* lui-même, s'il lui avait plu de ressusciter et de se présenter à eux pour leur dire ce qu'ils avaient, depuis plus de 40 *ans*, confié à tout le monde!

Mais, en supposant que ces personnes n'aient rien dit, quelques réponses vagues sur des faits insignifians pouvaient-elles suffire pour accréditer tous les contes débités par l'horloger? n'était-il pas de votre devoir de vérifier scrupuleusement chacun des faits avancés par lui, afin de n'être pas exposés à être trompés et à tromper les autres? C'est vainement que vous venez aujourd'hui vous accuser d'erreur; vous devez compte des malheurs occasionnés par votre incurie, et votre bonne foi ne saurait vous mettre à l'abri des graves reproches qu'on est en droit de vous adresser de toutes parts.

Vous ne deviez pas seulement exiger que l'homme qui se présentait à vous sous le nom de fils de Louis XVI répondît à des questions oiseuses sur des faits secrets ou connus, mais vous deviez encore vous assurer de la vérité de tout ce qu'il vous disait, et vous auriez tout de suite acquis la preuve que tout ce que votre horloger vous avait raconté était faux; vous l'auriez forcé à préciser ses dires, à nommer les individus, à désigner les lieux, etc., etc., et dès-lors l'imposture était découverte!

20° Vous parlerai-je des autres fourberies de ce jongleur, de ses prétendues révélations, des apparitions de l'ange, toutes choses monstrueuses et propres à inspirer le dégoût même à des hérétiques? Je ne salirai point ma plume en retraçant de telles horreurs.

21° Si Naündorff avait été le fils de Louis XVI, aurait-il accepté les sommes considérables qui lui ont été données et qu'il a dépensées, en grande partie, pour satisfaire sa sensualité, ses caprices, son intempérance et ses débauches? Qui vous a donné le droit de penser qu'un fils de France eût jamais pu pousser l'indélicatesse jusque là? Quoi! vous avez pu croire que le fils du plus honnête homme fût capable de fourberies abominables, de rapacité, d'improbité, d'infidélités, de spoliations, de débauches, d'hérésies, etc., etc.? Et vous n'avez pas reculé devant une telle présomption, et vous persistez à dire encore que l'homme ignoble auquel vous reprochez toutes ces infamies pourrait bien être le fils du Roi-Martyr! Arrière!....

22° Lors du procès Thomas, Naündorff répondit au président qui lui demandait ses nom, prénoms, etc., etc., qu'il s'appelait *Charles-Guillaume Naündorff*, etc.; pourquoi n'a-t-il pas déclaré alors, et en face du monde, qu'il était le fils de Louis XVI? quelles raisons avez-vous eues tous pour ne pas l'engager à se prononcer dans un moment aussi décisif? C'était le cas ou jamais. Pourquoi avez-vous reculé? pourquoi n'avez-vous pas monté sur la brèche? pourquoi ne l'y avez-vous pas poussé? pourquoi en êtes-vous restés là? qu'a-t-il pu dire pour sa justification?

Convenez du moins que c'est vous tous qui lui avez tracé la route qu'il a suivie, en lui fournissant, sans vous en douter peut-être, les moyens de vous tromper, soit en racontant devant lui tout ce que vous saviez, soit en désignant les personnes qui pouvaient donner de grands éclaircissemens, soit en l'introduisant partout; c'est ainsi que vous lui avez ouvert la voie pour débiter, d'un ton inspiré, toutes les billevésées que vous avez inconsidérément reproduites dans *la*

Voix d'un Proscrit, journal que vous auriez beaucoup mieux fait d'intituler : *la Voix d'un Fourbe.*

23° Que dire du nouveau et prétendu accident dont parlent les journaux anglais, et de la prétendue fabrication de projectiles, secret que Naündorff a offert de vendre à la France à des conditions aussi ridicules qu'inacceptables ? Ajouterez-vous foi à sa déclaration faite devant le magistrat de Londres, et d'après laquelle l'incendie aurait fait des ravages considérables s'il ne l'eût arrêté lui-même, grâce à son courage ou à sa présence d'esprit, et malgré l'horrible état dans lequel l'avait mis l'explosion qui venait d'avoir lieu ? cette déclaration de sa part ne prouve-t-elle pas clairement que ce prétendu accident, qu'il s'évertue à faire considérer comme un nouvel attentat contre sa personne, n'est autre chose qu'une répétition des fourberies de cet intrus, qui veut à tout prix que l'on s'occupe de lui ?

Je ne dirai qu'un mot sur la découverte de votre Naündorff : cette découverte appartient à un français du nom de Régnier, qui l'a communiquée au gouvernement français il y a cinq ou six ans. Une commission, dont le général Gourgaud faisait partie, fut nommée pour vérifier le procédé ; l'expérience en fut faite à Vincennes, et depuis lors on n'en avait plus entendu parler.

Croirez-vous encore à la réalité de l'attentat récent ?

Je me résume : vous avez remué ciel et terre en faveur de votre Naündorff ; vous avez cherché à prouver qu'il était le fils de Louis XVI ; vous avez fondé des journaux ; vous vous êtes compromis aux yeux de l'opinion publique ; vous avez lutté contre l'évidence des faits que vous accusiez de fausseté ; vous avez repoussé tous les avis et même les avertissemens qui vous ont été loyalement donnés ; vous vous êtes obstiné à considérer et même à traiter comme ennemis tous ceux qui ne partageaient pas vos croyances ; vous avez fait beaucoup de fracas, et cela pour aboutir à l'aveu d'erreurs qui ont causé un scandale et un mal incalculables.... Croyez-vous que cela puisse suffire pour vous justifier aux yeux de ceux que vous avez contribué à tromper, et votre conscience d'honnête homme ne vous conseille-t-elle rien de plus ? ne pensez-vous pas qu'il vous reste encore quelque chose à faire ?

Eh bien ! je vous dis, moi, que si vous persistez à considérer comme fils de Louis XVI celui contre lequel vous avez écrit ce qui vient de paraître, vous avez eu grand tort de le publier; vous deviez ensevelir les crimes de votre idole dans le plus profond secret de votre cœur, éviter de mettre le public dans votre confidence, déplorer les égaremens, les désordres et l'aveuglement de l'infortuné, lui donner de sages avis, gémir sur ses erreurs, lui faire sentir le tort qu'il faisait à sa réputation et à son ame, enfin prier le Seigneur pour qu'il le fît rentrer dans le chemin de l'honneur et de la vertu dont il s'était si violemment écarté.... Telle devait être votre tâche, et, au lieu de vous blâmer, on se contenterait de déplorer l'égarement d'un honnête homme.

Mais si, comme tout porte à le croire, vous ne voyez dans Naündorff qu'un misérable aventurier, un malfaiteur et un fourbe consommé, vous devez courageusement le dévoiler à la face du monde, que vos publications ont trompé. Vous devez demander pardon à Dieu et aux hommes de la part que vous avez pu prendre à une intrigue ourdie de longue main et dont vous ne pouviez soupçonner l'audace ni le but.

Alors on sera porté à vous juger avec indulgence, et l'on vous rendra l'estime que votre imprudente coopération à une œuvre aussi ténébreuse vous avait justement fait perdre.

Je me contenterai pour le moment de ces réflexions; j'espère qu'elles suffiront pour vous déterminer à faire votre devoir. Mais je vous préviens aussi que dans le cas où vous persisteriez dans votre erreur malgré cet avertissement, je me verrai forcé, quoiqu'à regret, de livrer cette lettre à l'impression, et l'opinion publique prononcera.

J'ai l'honneur d'être,

Monsieur,

Votre serviteur,

MORIN-DE-GUÉRIVIÈRE Père,

Quai Valmy, 45.

Paris. — Imprimerie de POLLET et Cie, rue Saint-Denis, 380.

www.ingramcontent.com/pod-product-compliance
Ingram Content Group UK Ltd.
Pitfield, Milton Keynes, MK11 3LW, UK
UKHW020502220726
13923UKWH00006B/2712

9 782019 299620